ÉTUDE

SUR

EUGÉNIE DE GUÉRIN

PAR

M. Louis NOËL

TOULOUSE

IMPRIMERIE DE RIVES ET FAGET

RUE TRIPIÈRE, 9.

—

1867

ÉTUDE

SUR

EUGÉNIE DE GUÉRIN

Parmi les intelligences contemporaines, les femmes ont brillamment conquis leur place, et, entre toutes, Eugénie de Guérin restera comme une des figures les plus gracieuses, comme un des esprits les plus singulièrement attractifs : elle charme plus qu'elle n'éblouit, et attire plus qu'elle ne fascine.

En écrivant un recueil de lettres où se reflète sa naïve jeunesse, et qui contient des pages intimes et des retours de la rêverie la plus délicieuse, Eugénie de Guérin a rallié autour d'elle les vives sympathies des esprits délicats ; son langage, empreint de suavités particulières et d'harmonie nonchalante, voix d'or, lumière parlée, suivant l'expression hardie d'un grand écrivain, fait ressortir les choses les plus familières avec un talent naïf et un sourire attendri, qui n'étouffe jamais, sous les notes pétillantes de l'esprit, la note vibrante du cœur.

Le 15 mai 1840, la *Revue des Deux-Mondes* publia un magnifique fragment d'un poëte mort l'année précédente, George-Maurice de Guérin.

Ce morceau éloquent, intitulé le *Centaure*, une vision splendide, un songe héroïque, où les scènes touchantes et grandioses se succédèrent avec une éblouissante diversité, aurait suffi, à lui seul, pour fonder une réputation d'une manière étincelante et solide.

Doué d'une imagination vaste, d'un esprit opulent qui planait sur les sommets inviolables où, du sein des nuages dorés, descendent vers la terre les sources bienfaisantes, Maurice de Guérin a déployé, dans cette production, un talent non-seulement original, mais encore très varié. Dans ce chef-d'œuvre jeune et vivant, la phrase tombe sur l'idée à plis amples et riches, comme un vêtement de pourpre sur une épaule olympienne. Cette personnalité distincte, remarquable, d'une tranchante netteté, et qui a le droit de revendiquer sa part de gloire, s'éteignant à vingt-neuf ans, excita un attendrissement respectueux qui a rejailli sur une sœur dont l'âme, pleine d'effusion et de fraîcheur, savait dévoiler dans des lettres fines, exquises, frissonnantes d'une suave émotion, les côtés secrets et inconnus du génie de son frère.

N'aimez-vous pas à regarder la source d'un fleuve, à voir couler dans un étroit espace le filet d'eau qui va s'accroître en s'éloignant dans une imposante largeur ? On éprouve un sentiment non moins doux, malgré la défense d'Horace de remonter au berceau du personnage célèbre, en se reportant en pensée à l'enfance obscure de ceux que le génie élève au premier rang, et tel est le prestige, vainqueur des siècles, qui entoure le nom de ceux qu'ont immortalisés leurs écrits, que l'intérêt qu'ils inspirent s'attache même aux lieux habités par eux. Tibur, Mantoue, Windsor, Montbard, Ferney, conserveront toujours un reflet de la gloire des écrivains dont ils furent l'asile, et on se plaît à respirer quelques instants l'air qu'ils ont respiré, à retrouver, pour ainsi dire, les traces de leurs pas.

..... Juvat ire.....
Desertosque videre locos. ...

Les premières années d'Eugénie de Guérin, celles dont on se souvient toujours, s'écoulèrent dans une de ces demeures qui avait conservé la tradition des antiques vertus, des vieilles distinctions consacrées par les siècles, et qui joignait au mélange des vertus les plus rares de la société polie, la simplicité de la nature patriarcale.

Mlle Eugénie de Guérin portait sur sa physionomie l'empreinte de cette élévation naturelle que Larochefoucauld définit admirablement « un certain air qui nous distingue et qui semble nous destiner aux grandes choses. » Son visage était d'une transparence extasiée, comme celui d'une sainte du xiie siècle : son regard, ce vivant miroir de ce qui se passe dans l'âme, était plein d'une lumineuse concentration, d'une pureté céleste où se fondaient un rayon d'enthousiasme et la méditation pieuse : son front large gardait la marque sérieuse de la pensée : sa bouche révélait la grâce, la finesse, la distinction de son intelligence, et quand elle imprimait à ses lèvres l'inflexion du sourire, elle devenait encore plus expressive ; enfin, une singulière harmonie unissait des traits gracieux plutôt que jolis, et parfois décolorés, comme par les langueurs de la convalescence.

Le château du Cayla, où elle naquit, situé dans le Languedoc, près d'Albi, est au milieu d'un site charmant, où il semble que la destinée nous attire et nous retienne pour nous faire profondément goûter des joies paisibles, ou nous imposer des devoirs. On y goûte des repos vivifiants, on y respire des senteurs vierges ; on voit le ciel s'agrandir, et ce que les coteaux voisins, et tout ce qu'une splendide corbeille de moissons, de fruits et de fleurs exhalent de parfums, arrive sans obstacle à la poitrine pour la remplir, au cœur pour l'imprégner d'émotions.

Si le langage reproduit fidèlement la vie, si les habitudes du monde forment les expressions des livres, l'influence des aspects riants et séducteurs, sévères ou tristes sur l'imagination, n'est pas chose douteuse.

Sans étouffer l'être libre et moral sous l'action fatale des objets extérieurs, si Châteaubriand a trouvé dans les savanes d'Amérique le principe, le germe, la source des images, des couleurs qui ont fait circuler un souffle de rajeunissement dans notre littérature, il est permis de croire que cette chaude et riche contrée du Midi a formé en partie ce talent de narration dont le fond est la naïveté, l'absence de toute recherche, malgré des saillies charmantes d'ironie douce et réservée : a développé ce don de fondre ensemble la puissance romantique et la pureté classique, la faculté de peindre le pittoresque, le côté original, la face vivante, la physionomie nuancée, unie à cette forme naturelle, aristocratique jusqu'à la simplicité, et par dessus tout aisée et claire, fraiche et gracieuse, qui se retrempe sans cesse dans les activités de la foi et de la vie champêtre.

Passionnée pour la nature, elle s'intéresse vivement à tous les hôtes des champs, même aux plus humbles ; et on devine cette candeur virginale qui peut faire, de la vie d'une femme, une fête éternelle et une éternelle jeunesse. Dans la peinture des minutieux détails de son intérieur, elle laisse briller l'étincelle poétique, et percer çà et là cette coquette amabilité qui est à la beauté ce qu'est le relief au monument. Je le répète : Pénétrée d'un amour ardent pour la nature, et s'inclinant devant ce qu'elle recèle dans ses profondeurs de grave. de solennel, de sacré. avec un élan de cordiale gratitude. elle contemplait ce qu'elle nous offre de riant et de gracieux.

Parfois elle se tournait avec anxiété vers les absents aimés. et à des regrets qui inspiraient les paroles affectueuses, elle mêlait avec une habileté rare les richesses du pays natal et les beautés du paysage qui. jadis, avaient charmé ses regards, et où elle semblait même avoir laissé la meilleure part de ses impressions de jeunesse.

Un beau ciel, les oiseaux qui gazouillent et chantent; l'éclat et le parfum des fleurs : un paysage lumineux, palpable, nettement dessiné : des vapeurs chaudes et presque vagues qui baignent les vallons et des horizons lointains, ces doux spectacles lui font ressentir des joies délicates et intimes qui sont le partage des cœurs simples, le privilége des consciences pures. La campagne était sa vraie patrie, l'atmosphère vivifiante qui, seule. pouvait favoriser le développement fécond de cette âme généreuse ; les bruits vulgaires, les stériles agitations. les servitudes irritantes des villes oppriment et étouffent les organisations frêles et sensibles qui vivent pour les salutaires et impérissables passions, et dont le bonheur est de rester, recueillies et méditatives, en une agreste retraite où elles trouvent à la place de la lutte, de la souffrance, de l'amertume, les fleurs, l'ombre et le silence.

Gracieusement inclinée sur un grand lis flexible, elle se laisse aller au caprice de ses rêves sur le penchant des collines verdoyantes, au frais murmure des fontaines. Son esprit, pénétrant et plein de souffle comme les zéphirs printaniers, observe et réussit merveilleusement à peindre les objets soumis à son examen. La vivacité de ses impressions rehausse d'une manière magique ce qu'elle décrit ; et, sans jamais accorder une prédominance au monde extérieur sur l'être intime, loin de cette ivresse plastique qui est une maladie littéraire du temps, son pinceau, qui fait revivre le bruissement, le fourmillement de la nature, reproduit avec éclat les extases de la vie éternelle, les charmes de la réflexion pacifiante, qui élève et purifie.

En écoutant Eugénie de Guérin, on ne saurait éprouver ni ennui, ni fatigue : sa plume flexible et délicate a toujours le talent de plaire ; elle a ces dons si précieux et si aimables : le charme et la grâce de la vie.

Cette faculté d'exactitude pittoresque, qu'efface parfois chez quelques écrivains la puissance abstraite et intérieure, ou la pruderie du bel esprit, est ici en pleine lumière pour dépeindre avec de fraîches images la goutte de rosée du matin et le frémissement de la feuillée sous l'orage.

Le génie rural fut presque inconnu dans les derniers siècles, excepté par Mme de Sévigné, qui, trompant sa monotone solitude de Bretagne, remarque avec délices que le *ros-*

signol, le *chardonneret,* la *fauvette ont ouvert le printemps dans la forêt.* Cette analogie nous permet de découvrir d'autres ressemblances au point de vue littéraire : c'est le même talent de peindre avec saveur, relief et sobriété, beaucoup de couleur et peu de mots, d'un trait vif et précis. Chez la cordiale, la vivante marquise, mêlée à tout le mouvement politique et mondain d'un siècle fertile en évènements, comme dans les effusions éloquentes de cette âme donnée à Dieu avec une passion aussi forte, quoique moins tendre, que celle de sainte Thérèse, il n'existe pas de ces lentes préparations qui plaisent à la sagacité et à l'attention réfléchie. Tout éclot d'un jet comme ces plantes des tropiques, dont le calice s'ouvre bruyamment et fait jaillir sous le soleil une moisson de fleurs qui sont les bijoux de Dieu.

Dans des lettres écrites avec une radieuse nonchalance et sans songer heureusement à y mettre l'adresse de la postérité, on saisit surtout la simplicité, le naturel ; dans ces pages imprégnées des parfums de l'esprit, de l'inspiration, de la grâce, si l'on ne trouve pas la lumière, l'invention, du moins, on y remarque toujours la joie honnête, le charme enjoué qui est la liberté et l'indépendance de l'âme.

On découvre dans les gracieux sillages de ces frêles nacelles qui voguent vers une idéalité sérieuse, le principe de cet art, de ce tour fin qui, dans ses naturels épanchements, dans ses familiers et libres entretiens, dans ses airs d'abandon, est dominé sans cesse par la délicatesse de l'esprit et la pureté d'un goût exquis.

Dans ces charmants écrivains qui se bornent, selon l'expression du tendre et profond Joubert, à introduire le sens exquis dans le sens commun, une grande variété d'études

ne peut dépasser le charme d'une expression choisie, la ma-
gie d'un pinceau qui sait distribuer les couleurs, rendre la
vérité aussi riante que la fiction, la raison aussi féconde et
brillante que l'imagination ; les formes caressantes et flexi-
bles, les images vives et sobres, nettes et claires, qui, par
leur justesse même, s'emparent de l'esprit, indiquent que le
langage du cœur et le ton de la conversation ne sont pas
remplacés par les sécheresses de l'analyse, par une pédante
frivolité, et qu'aux choses morales ne se mêlent pas les expressions consacrées aux sciences. L'universalité, qui épar-
pille l'esprit sur tout objet, est une cause d'énervation, et le
style original, dans le frottement des idées, perd sa valeur
propre, ainsi que la nationalité d'un peuple, son caractère
natif. Chez ces écrivains, la candeur, la constante moralité
révèlent discrètement la santé morale, et attestent l'harmo-
nieux équilibre des facultés, qui est la plus précieuse sagesse
de l'âme ; ils peuvent avec aisance déployer des portraits enchanteurs où règne la fantaisie légère et capricieuse, et où
brille la poésie dont le front est ceint d'un riche diadème,
et dont la robe éclatante étincelle de mille feux.

Le genre épistolaire se résume admirablement dans une
pléiade de femmes célèbres qui parcourent légèrement le
clavier de la pensée humaine, et exprime d'une manière
charmante, adorable, la quintessence, la fine fleur de l'esprit. Un délicieux caquetage, de l'abandon sans vulgarité,
de l'élévation sans éclat de voix, courir sur tout en effleu-
rant tout, une spirituelle indolence, l'insouciance et le dé-
dain de l'érudition, le style, ce coup d'archet spontané et
savant qui a horreur de l'affectation et révèle l'originalité
en gardant le naturel, suffisent aux femmes pour atteindre

la perfection. « Elles trouvent sous leur plume, dit La Bruyère, des tours et des expressions qui, souvent, en nous, ne sont l'effet que d'un grand travail et d'une pénible recherche ; elles sont heureuses dans le choix des termes, qu'elles placent si juste, que tout connus qu'ils sont, ils ont le charme de la nouveauté et semblent faits pour l'usage où elles les mettent ; si les femmes étaient toujours correctes, j'oserais dire que les lettres de quelques-unes d'entre elles seraient peut-être ce que nous avons dans notre langue de mieux écrit. » Elles sont (je me permets d'achever le portrait) un peu moqueuses et curieuses dans les compliments et les sourires, l'enjouement et le ressentiment, les précautions et les finesses, les réserves, les sous-entendus, les insinuations prudentes, quelquefois perfides, malgré les battements de cœur accélérés par une vanité plus ou moins ardente, les jolies chiffonnières de ruban, les futilités et les frivolités qu'elles renversent sur leur imagination, en dépit des finesses nerveuses, des mouvements irréfléchis, des ondulations, elles conservent l'agrément, l'atticisme, le miel de l'abeille et son aiguillon, qui ne sont pas toujours réunis à la vigueur, à la solidité d'esprit, à la clair-voyante fermeté d'observation.

Les lectures d'Eugénie de Guérin étaient graves, intelligentes, fortifiantes. Par une affinité de nature, elle aimait à vivre avec les sages qui offrent l'enseignement sous le charme, et qui nous aident à penser et à nous mieux connaître nous-mêmes : elle aimait surtout à se baigner dans une atmosphère de miraculeuses vertus et de miraculeuses actions. Un jour, c'est Walter Scott et ses romanesques histoires ; le lendemain, c'est la magnificence, la pompe et la mélodie du langage de Platon, le charme délectable que respirent ses peintres de sentiment qui la captivent ; elle sait enfin disserter sur tout en employant l'élégance sans la recherche, l'érudition sans le pédantisme, l'art sans l'afféterie, cette ride de la grâce ; son imagination avait du goût, sa fantaisie avait du bon sens. En vraie femme, elle trouve d'abord étrange que Platon place la beauté après la santé dans la nomenclature des biens que Dieu nous distribue ; mais, la réflexion modifiant l'opinion première, elle finit bientôt par reconnaître que le philosophe avait justement raisonné. Désormais elle est résolue à ne plus désirer que la beauté de l'âme, et alors, fixant la beauté éternelle, cette beauté toujours ancienne et toujours nouvelle, dont l'amour la remue délicieusement, elle s'isole : les bruits de la terre s'éteignent, dans un calme ravissant, dans une paix inexprimable, elle s'élève par la prière, cette divine respiration de l'âme, vers les régions où réside éternellement l'essence de la vertu. Sa pensée, qui était subjuguée par les traits admirables et fiers de Bossuet et de Pascal, était invinciblement attirée vers l'Imitation de Jésus-Christ, et elle aimait avec délices à la reposer sur ces pages bénies.

N'y a-t-il pas une parenté lointaine et mystérieuse entre cette femme qui procède d'un immense besoin d'élévation morale, de ferveur religieuse, d'une vive, d'une impérieuse aspiration vers la foi, et l'ascétique génie, qui, dans la nuit du cloître, au murmure des vents dans l'herbe du préau, a composé, avec une onctueuse simplicité et cette pénétrante douceur qui initie aux choses les plus élevées les esprits les plus humbles, le commentaire éloquent et résigné de l'Evangile ?

Saint François de Sales, parlant de la dévotion dans ses relations avec les devoirs du monde, expose judicieusement, d'après saint Augustin, les trois degrés qui permettent à la créature de se rapprocher de la divinité : les *parfaits*, il les place au rang le plus élevé : car ils savent conserver, malgré les épreuves. le courage, la sérénité. A cette hauteur touche Eugénie de Guérin, cet ange de pureté que nous verrons bientôt terrassé par une catastrophe soudaine, et puiser de l'énergie et des consolations dans cette foi antique qui a jadis enfanté et inspiré, ranimé et soutenu les plus nobles et les plus héroïques résolutions.

Dans cette étude psychologique, où, sans analyser des esquisses vivantes comme du Rubens, fermes et fines comme du Meissonnier, je me renferme dans des considérations générales qui éclaireront peut-être mieux la physionomie de l'écrivain. je dois mettre en lumière le sentiment religieux qui a fait fructifier et grandir en elle le grand souffle spiritualiste et humain, l'effusion suave et sublime. « Il n'y a pas de jours, disait-elle, que je ne sente la puissance de la foi sur mon âme, tantôt pour la calmer ou la contenir, ou l'élever. » Sa foi. pleine de clarté. reposait. en partie, sur de larges assises qui ne laissaient aucune place à la fantaisie, ou aux écueils de la religiosité : elle ne s'égara jamais dans les brouillards de la rêverie germanique : elle se tint à distance des pentes perfides et fatales, des périlleuses faiblesses d'un énervant mysticisme ; elle ne fut pas amollie par l'inaction, les inutilités. les petitesses stériles et la rêverie où languissent les femmes. « Ames oisives, dit excellemment Labruyère, sur lesquelles tout fait d'abord une vive impression. »

Elle était au plus haut degré vigilante et active : le travail sous toutes les formes fut pour elle le gardien austère d'une vertu pure comme le bleu profond du ciel. Une pieuse et divine pensée, le devoir, plane sur cette belle vie, du berceau à la tombe.

Exquise jusqu'à l'excès, sa sensibilité fut sans cesse réglée par une raison ferme et droite. L'ingénieux, dans sa haute raison, reposait sur le judicieux.

Une teinte de tristesse répandue dans son œuvre n'est pas ce vague ennui, cette sombre mélancolie qu'expriment si bien, au début du siècle, les soupirs de René et les rêveries d'Oberman, et encore moins ce dégoût prématuré et funeste de la vie, qui est le résultat des civilisations avancées; sa tristesse n'est ni dangereuse, ni malsaine; elle ne peut nous induire à croire qu'elle s'efforce de contenir une souffrance, un trouble, et qu'elle étouffe un aveu sous une pudique et chaste discrétion. En étudiant, d'une manière attentive cette âme ailée, on remarque une joie douce et paisible, qui, comme elle le dit délicatement, n'éclate au dehors que par la sérénité; en véritable chrétienne rachetée par le sacrifice, elle considère la vie; en lectrice assidue de la vie des saints, elle veut la voir sous son aspect sérieux et même sévère.

Ce qui fait la force et l'irrésistible attrait de son caractère coloré par l'idée chrétienne, c'est que sa vocation puissante et sincère pour le culte des lettres resta secrète, concentrée. Elevée dans la solitude, et faite pour en comprendre et en savourer tous les agréments, elle n'a pas voulu l'abandonner, et, dans le recueillement, ensevelie en elle-même, aux reflets du rayon poétique qui avait illuminé son front, à la lueur d'une lampe voilée, et dans cette immobilité apparente de la vie qui lui permettait de sentir largement palpiter son âme pour les vérités éternelles, elle a raconté, sans prétention, et dans des pages expressives, sonores, mélodieuses, les annales de son cœur. Maîtrisant son imagination, cette fée aux charmants prestiges, oubliant les choses visibles et matérielles, écoutant silencieusement les voix divines qui, semblables à des sources recueillies, murmurent au fond du cœur, elle ne chercha pas à conquérir les suffrages glorieux des esprits éminents, et encore moins voulut-elle électriser l'opinion indifférente, suivre les caprices frivoles d'une mode arrogante, et les scandales du faux goût ; elle ne songea pas à confier sa vie, sa jeunesse, les rêves voilés et enveloppés d'un profond mystère, qui en est souvent le premier charme, à des feuilles volantes, et à laisser tomber son nom et ses secrets dans la mystérieuse immensité, pour les voir remonter à la surface et retentir en écho !...

Cette noble et pieuse jeune fille, qui, ayant perdu sa mère, n'avait plus une clairvoyante directrice auprès d'elle, connaissait d'inspiration les devoirs de son sexe. Son existence, qui aurait pu se transformer et devenir brillante, s'écoulait, loin de l'éclat et du bruit, calme et tranquille ; elle appréciait et savait goûter les vives jouissances du foyer domestique où résident le véritable bonheur idéal, les plus purs plaisirs de l'imagination, de l'esprit et de l'âme ; elle aimait même à reposer son intelligence dans les modestes et vulgaires occupations que le vieillard d'Ionie, dans les temps antiques, avait célébrées, et que, dans les plus humbles situations, rehausse la distinction morale de ceux qui s'y livrent ; aussi, le sillon qu'elle a tracé dans le monde intellectuel restera-t-il toujours lumineux, et le temps, que Montaigne appelle le grand justicier du passé, le temps, qui dévore les réputations usurpées, ajoutera encore une nouvelle splendeur à l'auréole de ses reliques littéraires, et son nom, vénéré par ceux qui conservent l'intégrité de leur naturel, ne connaîtra jamais ces disgrâces qu'une postérité, cette ingrate qui profite et qui oublie, selon le comte de Maistre, inflige souvent aux rois de la pensée, aux fondateurs des sciences. Les jalouses rivalités, la calomnie, cette fille hideuse de l'envie, plus lâche encore que sa mère, ne peuvent même l'atteindre ; ayant passé sa vie comme l'étoile qui suit sa marche silencieuse dans les profondeurs des cieux, elle n'a pas ressenti les joies, les vanités du triomphe ; on adore la femme qu'on ne saurait oublier une fois qu'on la connaît, et les vierges peuvent déposer des prières et des fleurs sur la tombe de celle qui n'a eu, ici-bas, qu'un seul, mais douloureux désenchantement. Celui-là fut cruel ! Après avoir prodigué son trésor de bonté, sa vie de cœur, guidé, surveillé son frère, qu'elle regardait rayonnante d'orgueil, cette mère adoptive dut préparer le suaire pour l'endormir en Dieu. Maurice, qu'elle aimait d'un amour profond, malgré quelques égarements, fut digne d'elle, et surtout à l'heure où, frappé par la mort, cette éternelle et terrible moissonneuse, ses yeux se fermèrent pleins d'une flamme amortie.

Le journal d'Eugénie de Guérin, où la conversation abondante, spontanée, allant droit devant elle, mettant en relief et en évidence l'esprit des choses, nous peint la femme de mille façons ; ce langage pur et naturel, reposé, coulant de source, et jaillissant des lèvres avant toute coloration artificielle ; l'expression prompte et presque toujours celle que la réflexion eût choisie ; cette verve inventive qui réunit le piquant et la diversité ; une sensibilité souverainement élégante, où le soin disparait dans la facilité ; cette ineffable libéralité d'âme qui achève le goût ; cette aménité et cette fleur de l'intelligence dans son épanouissement d'honnête joie, nous font voir et apprécier ce qu'il y a d'attachant, d'irrésistible, dans une amitié constante, dévouée, et tout ce qu'il y a de saint, de sacré, d'antique dans ce mot merveilleux, que rien n'effacera du langage des hommes, et qui, pour toute âme vraiment vivante et humaine, émue et sincère, veut dire l'harmonie des cœurs, chose brûlante, comme une haleine de Dieu.

Maurice, qui recelait prématurément en lui le germe mortel ; cet enthousiaste de la nature, qui, en Bretagne, se plaisait à écouter sous les vieux chênes, au bord de la mer, ce que Pythagore appelait le grand écho, l'écho de Dieu, après avoir vécu dans des solitudes de verdure où chacun croit trouver, au trouble de la pensée, un écho consolateur ; celui qui médite la vérité et celui qui aime l'amour ; à cette heure qui précède l'entrée dans le monde actif et réel, à l'âge d'or, le jour où l'âme est en fleur, Maurice se trouva lancé dans le tourbillon parisien, où, agité par ces tempêtes qui dévorent en même temps qu'elles illuminent le cœur, subjugué par l'essaim enchanteur des beaux songes qui viennent voltiger au seuil de la jeunesse, il était dominé par les énervants et fragiles plaisirs qui avilissent l'âme, l'épuisent et l'endorment ! Ce moment était périlleux, terrible : c'était la période de crise, d'agitation dans sa vie si courte. Pendant cette poursuite ardente de l'inconnu, ces efforts douloureux vers un idéal chimérique, et ces pénibles angoisses où tant de jeunes gens ont fait naufrage, et pleuré, ensuite, une jeunesse qui aurait coulé paisible comme la source de la vallée ; cette sœur, pénétrée d'une tendresse virile, cette chaste Lucile, douée d'une indulgente et souriante sagesse, cherchait à l'arrêter sur la pente glissante des séductions qui viennent assaillir et corrompre le cœur de l'homme.

Vrai poète de race et par tempérament, Maurice était de ceux qui, comme le disait Juvénal, ont *mordu le laurier ;* elle le stimulait en imprimant à son esprit un essor vers le succès et la gloire ; elle voulait faire naître dans son cœur les tressaillements féconds de l'amour-propre ; elle était impatiemment ambitieuse de voir rayonner chez son frère les pensées qui, d'ordinaire, ne mûrissent que sous les fronts chauves et ridés ; elle voulait enfin dégager l'âme, sœur de la sienne, de tout lien terrestre pour ouvrir à l'intelligence des horizons plus vastes, des perspectives éclatantes et diverses. Eugénie ne connaissait pas, dans leur triste et sèche réalité, les ardents et persévérants efforts qu'il faut sans cesse exercer et déployer pour se sentir vivre sous le prestigieux soleil de la célébrité ; si elle avait été plus expérimentée, et mieux instruite des difficultés qui surgissent à chaque pas dans un sentier aride et rocailleux, elle aurait préféré, pour réaliser le bonheur de Maurice, les sensations de l'existence intérieure, un délassement plutôt qu'une occupation tout à fait littéraire, où les œuvres d'art sont, en général, des filles de l'obstacle, et notamment de la douleur ! Par la pensée, elle vivait donc auprès de son frère pour l'encourager et le raffermir, et lui faire aisément supporter cette pauvreté fière que Shakespeare appelait la *grande culture*, et qui est un stimulant énergique contre l'engourdissement de l'âme et de ses facultés.

Dans des élans de cœur qui franchissent les distances, elle aimait à lui communiquer l'impression des lectures qu'elle faisait toujours *moralistement*, et, avec douceur et persuasion, elle repliait son esprit sur le plus beau sujet qui puisse intéresser l'intelligence humaine : la question religieuse. Elle présente sous une forme des plus insinuantes, des plus persuasives, quelques éléments de conviction, et, alors, son cœur, plein de tendresse, d'élan, s'épanouit, se dilate et fait briller de fraîcheur, d'un doux éclat, d'une lueur vivifiante, cette délicieuse et constante élévation vers l'infini. Gardons-nous de croire cependant qu'elle soit versée dans la science théologique, et capable d'élucider, de réfuter, en faveur de sa croyance, les problèmes que soulève l'incrédulité. Les longues discussions, rebelles aux délicatesses du cœur, qui se rattachent à l'origine du christianisme, et que, depuis près de trois siècles, la critique indépendante a surtout dirigée contre le catholicisme, se dérobent à ses investigations. Cette lacune, qui serait une regrettable ignorance de la part d'un homme, est, au contraire, chez Eugénie de Guérin, la preuve de sa sensibilité. La toque de docteur et le manteau philosophique, qui abritent souvent la gravité ennuyeuse et méthodique, sied aux femmes plus mal encore que le casque des guerriers. On ne doit point attacher du plomb à de la gaze, disait Rivarol. La femme possédant plus d'âme que de caractère, plus de flexibilité que d'énergie, les impressions extérieures ne permettent pas à son organisation frêle et compliquée de scruter les notions précises, exactes, et c'est dans la gracieuse sphère du sentiment qu'elle a une incontestable supériorité. Eugénie n'était pas entrée en pleine possession de sa foi par l'analyse attentive et les lentes méditations ; elle n'avait pas, comme Mme Sophie Swetchine, longtemps cherché un apaisement aux doutes, aux inquiétudes, aux lassitudes des choses qui touchent à l'âme, à tous les derniers mystères de la vie, à l'énigme de la création : insondable, vertigineux, inextricable chaos ! En ces recherches d'une nature si délicate, et où le procédé intime est mystérieux comme l'objet qu'il essaie de saisir, son adhésion était instinctive, spontanée. Il y a (Pascal l'a indiqué en quelques mots immortels) les chrétiens de tête et les chrétiens de cœur. Notre fervente héroïne n'avait jamais été atteinte dans la vivacité et la solidité de sa croyance ; et, dans ces grands et importants problèmes, qui sont la raison éternelle, la raison pratique du genre humain, elle trouvait la réalisation la plus ravissante de ses besoins d'amour, de ses sentiments de respect et d'adoration, l'explication de sa vie morale, et le couronnement d'une sagesse pratique qui faisait goûter l'inestimable douceur de la conviction et du repos. Elle était vivement attendrie par le son d'une cloche de village, et par la poésie des longues processions avec des fleurs, par le chant grave ou lugubre, majestueux ou grandiose ; elle était émue et touchée au plus haut degré par les pompes du culte chrétien qui expriment visiblement cet Etre à la fois triple et un, qui résume la parfaite beauté, la parfaite vérité et le bien suprême ; elle savait finement exposer par la diplomatie patiente de la sagesse et du bon sens, qui seront toujours la suprême habileté, les preuves morales, et celles-là sont les plus entraînantes. La foi, c'est Dieu sensible au cœur, a dit Pascal. Sa croyance était simple comme celle du centenier de l'Evangile. Elle fait aussi revivre, dans tout leur attrait, les légendes chrétiennes, fleurs divines cueillies dans le sang des martyrs et les larmes de la pénitence, en les appliquant, comme de vivants exemples, aux phases heureuses ou pénibles que traverse sa vie. Tous les sacrements, qui consacrent la foi, elle les environne de l'indicible paix qu'ils répandent dans son âme, et son vœu le plus cher, le plus ardent, est de faire partager à ceux qu'elle aime la vertu calme, sereine, auguste qui est leur précieux attribut.

Réfléchissant à l'influence désastreuse qu'a pu exercer sur son frère la parole dominatrice de Lamennais, pendant son séjour sous les ombrages druidiques de La Chesnaye, sa piété se montre, s'exerce d'une manière active, vigilante. Le génie rénovateur de cet homme lui inspirait un vif intérêt où se mêlent la douleur et la sévérité à l'égard des insolents paradoxes, des aveuglements superbes de l'archange révolté !

Convaincue, comme Pascal, que, pour se convertir, il suffit de prendre de l'eau bénite et de s'agenouiller ; désirant que Maurice s'incline, s'abaisse dans de saints frémissements devant Dieu, elle indique les excellents et inépuisables effets de cette émotion intime, de cette douce et sublime effusion de l'âme qu'on appelle la prière, qui est la forme la plus pure de l'amour, et l'engage d'une manière vive, pressante, pleine d'anxiété, à goûter le fruit savoureux et fortifiant de la vie spirituelle, qui amasse et accumule d'immenses trésors de charité, d'incroyables énergies de dévouement, et qui est un moyen efficace pour dissiper le vertige d'esprit, les lâchetés de cœur.

Les conseils qu'elle donnait à son frère n'étaient pas empreints d'une impartialité faible et indifférente, mais de cette

impartialité haute qui est animée d'un sincère, d'un durable amour de la vérité.

Ces pages sont virilement écrites et avec confiance, pour
ramener à Dieu un frère plongé dans l'abîme des sensations,
dont le sentiment religieux s'est obscurci en aspirant les
murmures enchanteurs de la nature, qui s'est laissé envahir
par une absorbante philosophie qu'il avait ardemment voulu
embrasser et étreindre après les grands anatomistes de la
pensée qui, depuis Aristote jusqu'à Hegel, ont analysé ce
radieux idéalisme dont les splendides lueurs laissent souvent
dans de généreux esprits des traces ineffaçables ; ces pages,
dis-je, s'élevant vers les sommets où l'art sert de trait-
d'union entre l'inspiration humaine et l'infini, sont une parole
d'espoir, d'encouragement, un *sursum corda* à jeter aux
cœurs troublés, aux esprits défaillants.

Un échange continuel de sentiments et d'idées que colore
une foi robuste ; cet éclat, ce charme incessant qui réside
dans la finesse de l'expression, ne s'interrompit pas devant
un déchirement terrible, et se poursuivit, sur les brises er-
rantes, avec une chaleureuse sollicitude, une constante ferveur, la même volonté impétueuse de dévouement.

L'aiguillon de la douleur qui avait longuement ébranlé
l'organisation de Maurice pénètre profondément ; le ressort
vital se brise, le souffle s'éteint, et Maurice, après avoir vu
quelques matinées de printemps, est fauché dans sa fleur !
Eugénie, troublée devant cette belle intelligence détruite,
laissa échapper de sa poitrine un long cri d'angoisse, mêlé
à une lueur d'espérance ; car elle était convaincue que le bruit
de ce qui tombe dans les ténèbres est le retentissement de
l'éternité, et qu'au delà des ombres du trépas apparaît une

aurore immortelle. La chaîne de diamant, en se brisant soudain, se renoua plus haut, et, dans le récit simple et attendrissant des choses passées, elle trouva des consolations et aussi le secret d'adoucir, d'oublier le présent. Le souvenir de son frère surgit sans cesse et s'élève dans sa pensée, comme le cyprès lugubre qui domine la colline. Sombre et rêveuse, son âme désolée et toute vibrante de cette funèbre secousse, s'épanche dans de libres entretiens que, dans un monde meilleur, Maurice recueillait encore. Si la tombe est silencieuse, elle possède cependant le pouvoir d'inspirer, de soutenir. Nouvelle Vestale agenouillée sur un tombeau, son cœur palpite et bondit d'angoisses, elle sanglote comme la Niobé antique ; en proie à ses poignantes douleurs, elle oubliait la terre pour le ciel, et semblait ainsi parfois commencer sa vie d'immortalité. Nous sentons trembler, frissonner les souvenirs, les regrets et çà et là les espérances. L'hiver n'a-t-il pas aussi ses rayons de soleil ? Désormais elle ne décrit plus avec abondance et profusion, avec fertilité et la même fraîcheur de détail, les beautés et les splendeurs de la forme visible, du paysage tout éclatant de fleurs et de soleil, étincelant de vie et de grâce; si elle fixe les harmonies, les parfums qui se dégagent et s'exhalent des choses, elle s'élance aussitôt vers la contemplation du monde moral, vers la divination du monde infini.

Ces lettres, empreintes d'une rigidité élégante, et qui renferment encore d'éminentes qualités et plus que de la finesse, je veux dire de la variété, de l'ampleur, de l'élévation, sont le travail douloureux de son âme agrandie par une sombre expérience. D'une inimitable mélancolie, elles peignent fidèlement un œil éteint dans l'affliction, la douleur qui succombe à sa violence, le cœur brisé par le cruel et ineffaçable souvenir de ce qu'elle a perdu. Parfois avec anxiété elle se demande si Maurice repose en paix, et, pensant à ses derniers moments, illuminés d'un éclair divin, elle reste, heureuse et ravie pendant de longues heures, dans la douce contemplation de Dieu, souriant à ce frère qu'elle aimait jusqu'à l'immolation d'elle-même. Son affection, anéantie au dehors, s'était agrandie et fortifiée jusque dans les dernières fibres de son être, et, comme cette larme du Christ, qui, en tombant de la croix sur l'hysope du Calvaire, fit ruisseler tout un monde d'amour, son amitié, sous l'empire d'une douleur véhémente, avait acquis une plus grande puissance.

Cette main divine, qui vient de l'atteindre dans les sentiments les plus nobles, elle veut la bénir sans cesse, et, dans ses lamentations contenues, il est impossible de saisir une défaillance, un doute, même rien qui soit hostile au christianisme.

Elle remontait sans cesse à la réalité vivante d'une cause première, souverainement intelligente et sainte; son idéal de toute beauté lui faisait briser le cercle étroit de ses infortunes, et élever ses regards vers les immortelles destinées de son âme, qui allait bientôt, comme un soupir, s'exhaler de ses lèvres. De même que la clarté mourante du soleil projette encore ses dernières lueurs sur le dôme de Saint-Pierre, quand l'obscurité couvre la ville-éternelle, ainsi ses pensées, voisines des célestes demeures, s'épanouissaient presque dans le monde des esprits. Eugénie de Guérin avait été ici-bas suspendue en quelque sorte à la vie de Maurice; ils étaient nécessaires l'un à l'autre, et la destinée aurait été impitoyable en séparant plus longuement ces deux âmes.

que la nature avait rapprochées avec une vive et durable profondeur, et que, malgré l'instabilité des temps, la versatilité des affections humaines, nous confondrons toujours dans une immortalité fraternelle.

Au moment où le flot de la vie allait s'échapper comme l'haleine épuisée d'un sein haletant et fatigué de souffrir, alors qu'elle était enveloppée de nuages sombres comme ceux qui précèdent l'orage, et recèlent la foudre, sa dernière pensée pour les choses de la terre fut le vœu et l'ordre d'anéantir tout ce qui restait d'elle, ces nombreuses pages pleines de vivacités de plume, enjouées, sémillantes, mélancoliques, ces jolies choses qu'anime une sensibilité expansive, et d'où se détache sa douce et radieuse figure avec une saveur si sympathique, une si intéressante, une si ravissante candeur : elle ordonna froidement de détruire son poème de larmes, son odyssée de souffrances, renfermant tant d'illusions détruites, de déceptions accumulées, d'agonies, de ruines intérieures et qui ressemblait à un de ces lauriers dans lesquels les dieux de l'Olympe enveloppaient, à l'heure dernière, les victimes les plus malheureuses et les plus touchantes de la fatalité, qu'ils ne pouvaient retenir sur le seuil de la tombe. Au moment où la terrible majesté du mystère de la mort allait se dissiper, sentit-elle renaître ce sentiment de modestie, tout d'impulsion, intense et concentré, qui avait dominé sa vie si obscurément cachée ? Dans cet arrêt sévère, devons-nous voir l'artiste tourmenté par l'idéal excédant infiniment sa destinée ; son imagination en lutte avec l'impuissance, une âme passionnément éprise de la perfection, qui aurait voulu faire toucher l'insaisissable, et faire voir distinctement l'invisible, exprimer les pensées qu'elle voyait planer au-dessus des pensées de son esprit, et, ne pouvant y réussir, brisant son œuvre imparfaite? Elle dut se dire, comme le don Carlos de Schiller, qu'elle n'avait rien fait pour conquérir l'immortalité : ignorant peut-être un talent qui ressemblait si bien à cette grâce privée, à ce charme séducteur et attirant que le poète donne aux roses qui rougissent ignorées! Il est difficile de croire cependant qu'elle n'ait pas respiré le parfum de ce trésor qui renferme l'instinct de ce qui est honnête, la volonté de ce qui est bien, et qui devait grouper autour de lui une foule attentive et bienveillante. En un mot, dans ses dernières paroles, n'y a-t-il pas une sainte pudeur de l'âme, qui veut emporter avec elle toute sa gloire mondaine, détruire à jamais sa renommée paisible et charmante?

La gloire, pour se lever dans sa splendeur, a attendu que son nom fût gravé sur la pierre d'un tombeau ; mais désormais elle est propagée à la largeur de l'immensité, et plus heureuse que les héros de l'ancienne Rome, nul cri injurieux ne ternira l'inviolabilité de son triomphe. Puissent l'abnégation et l'héroïsme de son caractère, l'élévation de ses sentiments, pénétrer aussi dans tous les cœurs!

On peut dire de cette femme illustre ce que Vauvenargues disait si justement des lettres elles-mêmes : « On ne peut avoir l'âme grande ou l'esprit un peu pénétrant sans quelque passion pour elles. » Ce que Vesari disait de Giotto, le célèbre précurseur de l'art : « Il y mit la beauté, » nous pouvons le dire d'Eugénie de Guérin : elle met en nous plus de bonté ; la bonté, ce regard du matin ingénu, ce don inné qui ne s'acquiert pas plus que la beauté, et qui, comme la grâce, émane de Dieu.

Le génie, à quelque degré qu'il existe, est un don du ciel ; il doit répandre, déposer en nous une plus grande somme de moralité. Le talent ne s'appartient pas à lui-même, il est le bien de l'humanité ; ce n'est pas un égoïsme comme l'amour : il est l'ornement de l'intelligence, et celui qui veut l'étouffer amoindrit notre souveraineté. Inclinons-nous donc, dans un profond sentiment de piété, devant une tombe qui porte l'empreinte du doigt divin, qui est inondée des lueurs matinales, et entourée de marguerites et de myosotis ; élargissons notre esprit par cette salutaire influence : une époque ne produit des œuvres admirables que lorsqu'elle est, pour ainsi dire, prédisposée à admirer ; nous vivons sur des générations endormies dans le sommeil de Dieu, pour travailler avec patience et ardeur, ouvriers éphémères, à l'œuvre impérissable de la vérité et de la justice ; la foi commune dans les mêmes aspirations autorise et légitime notre critique ; le génie admiré descend du haut de son apothéose dans l'âme de son admirateur, et la tombe inspire une sincérité communicative, une douceur vaillante, un idéal de liberté morale, et ces fortes croyances placent l'homme qui a le culte de la vertu sous un ciel ruisselant d'étoiles, où toutes les âmes, purifiées par les absolutions divines, poursuivent, grâce à l'influence puissante d'une ineffable harmonie, leur perpétuelle extase, et, dans un de ces larges horizons qui restent à l'abri des blessures terrestres, des fiévreux orages des passions !

La littérature, en France, a une origine impure dont elle se ressent. La froide et sèche opposition, l'analyse meurtrière et orgueilleuse sont ses caractères principaux. Il suffit, pour s'en convaincre, de citer ses fondateurs : Villon, Rabe-

lais, Marot, Brantôme, Montaigne. Plus tard, purifiée, assou-
plie, domptée un moment par le génie religieux, qui lui donna
Pascal, Corneille, Bossuet ; sauf de rares et brillantes ex-
ceptions, chez la plupart de nos écrivains, elle a repris son
premier cours dangereux et troublé. Si tout s'avance et se
développe dans l'ordre des sciences, une seule chose s'ap-
pauvrit, diminue et s'efface : c'est l'âme. Un froid terrible
étreint le cœur. La décadence littéraire ne peut s'arrêter que
par l'influence d'œuvres bienfaisantes et pures, semblables
à celle qui est sortie de cette âme limpide et transparente, et
qui, après avoir vécu dans la contemplation des muses, faisait avec souplesse et patience le tour de son petit ménage,
et ne dédaignait pas les innocentes questions du pot au feu.
OEuvre attendrissante et poétique qui adoucit, améliore les
âmes, et qui, par le charme et la flamme de la parole, rap-
pelle cette grande époque dans laquelle il faut vivre, pour
conserver un souvenir des précieuses traditions des élégan-
ces françaises, et où Louis Racine, en se mariant, pouvait
déposer dans une corbeille de noce un livre charmant : la
Conduite d'une dame chrétienne.

Dans ce XIXe siècle, qui a été agité, ébranlé par des crises
violentes ; dans la période tourmentée et complexe que nous
traversons, toutes les formes littéraires, tous les genres de
poésie, toutes les influences étrangères ont pu s'épanouir à
l'aise parmi nous, et se répandre librement dans les diverses
classes de la société ; possédant des richesses de naïveté qui
nous rendent les dupes faciles de tous les charlatanismes,
nous avons adopté les exagérations égoïstes, l'iniquité ré-
voltante, les exaltations fiévreuses, les découragements iner-
tes qu'expriment en beau style nos réformateurs.

L'artisan, l'ouvrière, sont largement envahis par l'idéal corrupteur, et, puisqu'on porte là perturbation dans les esprits voués au travail, ces déshérités de la fortune peuvent répéter le cri désolé que Geneviève, l'enfant du peuple, l'héroïne d'un roman célèbre, jetait à ses livres : « Vous avez changé mon âme ; il fallait donc aussi changer mon sort. »

On ne peut que s'attrister en songeant aux ravages qu'exercent sur les esprits de semblables créations ; si je puis employer un mot exprimant l'œuvre toujours vivante de Dieu, et qui, d'après les termes d'un moraliste énergique, Raymond Brucker, « Ne servent qu'à propager les vices dont ils sont le produit » ; car elles deviennent d'autant plus funestes que le désir de s'instruire va toujours croissant, se généralise d'une manière incessante, et rend l'hébêtement moral plus sérieux, plus grave, sur ce sol sacré de la France, où nous devrions inviolablement garder, dans une fière conscience, dans notre cœur libre, le culte des souvenirs qui seront l'honneur de notre pays, tant qu'il restera parmi nous quelque piété patriotique, quelque orgueil national.

L'aveugle, l'impatiente, la toute-puissante voix du cœur ; les passions, ces tempêtes de l'âme, sont les bases du plus grand nombre de nos romans contemporains. Dans des compositions remarquables, on fait peser sur la femme tout ce qu'il y a de fougueux dans le monde moral. La pudeur, naguère si délicate, qui s'exprimait avec aisance et clarté, dans un style aussi mesuré que noble, s'exile du cœur, comme l'eau s'échappe d'un vase brisé, et on représente la femme dévorée par un instinct impérieux, absorbée par une passion invincible qui lui fait perdre l'honneur, sans trouver la félicité dont elle a soif ! Que ces tableaux sont perfides et mensongers! Celle qui est devant le berceau de son enfant, qu'elle préfère à tout l'univers, et qui n'existera, petit être fragile, que pour la consoler dans un avenir éloigné, peut-on la contempler, sans une vénération repliée, profonde, persistante? La femme timide, fière, proteste contre ces détestables systèmes qu'auraient même repoussés avec indignation et mépris les grandes ombres de Lucrèce et de Virginie! Le respect pour la femme s'est presque éteint au souffle des passions qui tourmentent les intelligences surexcitées par nos peintures de mœurs! Les Lovelace, les don Juan, les Fortunio et les types de ce genre, si variés, si nombreux dans notre littérature, ne sont-ils pas des dissolvants de toute noblesse, de toute dignité, de toute grandeur morale?

Il est cependant facile de signaler la douce influence de la femme sur les sociétés antiques et modernes : elle représente la lutte de la beauté et de la force, de la pudeur et de la sensualité; c'est l'Ève éternelle, relevée insensiblement de sa tragique déchéance, et, à son tour, donnant à l'homme une magnifique puissance par sa mystérieuse et profonde tendresse. Aux divins attributs des substances, aux mélodies simples et cadencées de la nature, aux brises des mers, aux zéphirs des champs et des forêts, aux formes des fruits et des sphères lointaines; à ces empires, il fallait une souveraine : Dieu, se recueillant en lui-même, pour terminer, par une péroraison grandiose, ce concert sublime, dont les plantes, les étoiles, l'homme surtout, sont les expressions sonores, créa la femme, ce diamant limpide aux scintillantes facettes. Son âme, contenue dans la matière vivante des perfections de tous les êtres, est la plus parfaite des essences immatérielles : elle recèle des vertus cachées, des trésors de douceur, d'amour, de bonté, de miséricorde !

Pensons quelquefois qu'à une époque où les grandes questions se tranchent par les armes; dans un siècle où l'art, la vérité, la justice, ces révélations divines, sont compris imparfaitement, il se produira des théories qui viendront peut-être ébranler notre existence. Trouver des guides prévoyants, des amitiés dévouées qui nous impriment une excellente direction morale, qui saisissent et partagent des opinions généreuses : telles seraient nos pensées, si nous voulions sonder un avenir qui s'affirmera peut-être demain.

L'expérience nous enseigne qu'il y a toujours sur la terre des voyageurs fatigués de gravir les chemins escarpés, et qui ont besoin de concentrer, de ranimer leurs forces. L'histoire nous révèle des persécutions noblement bravées, héroïquement subies. Eh bien ! hommes de génie, qui, en souriant, vous inspirera le courage de vaincre les obstacles, de reprendre le bâton de pèlerin, et de chercher vaillamment la vérité ? Qui, enfin, saura vous consoler avec fermeté pendant la douloureuse épreuve qui est parfois l'unique récompense des bienfaiteurs de l'humanité ?

Dans notre temps, dédaigneux de toute autorité, où s'élève avec hardiesse le despotisme des novateurs pour combattre la raison embellie par le goût; dans ces jours où les maîtres de la littérature corrompue ne connaissent que les passions violentes, et cherchent dans le crime on ne sait quelle funeste grandeur, ne savent même étudier la psychologie que dan un monde pervers et flétri; dans ce siècle moulé et pétrifié dans le lieu commun, où la discipline intellectuelle, pleine de choix, de discrétion et de mesure, dont se nourrissaient les mâles génies de Descartes et de Corneille, est remplacée par une liberté qui engendre la licence ; à une époque où les intelligences ont à craindre le sophisme déclamatoire, la contagion des esprits faibles, le dogmatisme des esprits faux, le paradoxe sentimental, des œuvres discrètes et calmes, contentes d'obtenir une larme ou un sourire, qui s'animent et se colorent des célestes lueurs du sentiment, peuvent faire évanouir le désordre moral, les ténèbres de l'indifférence qui, dans l'atmosphère fumeuse des idées positives et dans les confusions bruyantes de l'industrie, peuvent conduire dans la voie de l'utopie et sur le chemin des abîmes !

La belle existence d'Eugénie de Guérin s'éteignit le 31 mai 1848 ; et à présent que nous l'avons exposée d'une manière respectueuse et affectueuse, au moment de finir, je dois recueillir, résumer brièvement ce qu'elle offre d'instructif et d'édifiant : une délicatesse qui éclaire la croissance morale et dont l'ensemble est fermement soutenu par une philosophie usuelle, large, qui sera appréciée dans tous les temps. Son mérite littéraire se résume dans une littérature généreuse, qui est la poésie de la raison, digne fille de celle qu'inaugurèrent, au commencement de notre siècle, l'auteur de *Corinne*, le chantre du *Génie du christianisme* et celui des *Méditations*. Elle aime la beauté unie, expressive, si familière et si simple, qu'on est aisément tenté de croire qu'il serait facile de l'imiter. C'est un esprit enfin qui connaît les voies de la pensée les plus directes, les plus courantes, dont l'élévation morale fut plus grande que le génie, et qui posséda pleinement la notion du bien, source unique du beau.